INVENTAIRE.
X 25,635

ÉTUDES
SUR
LA LANGUE LATINE,

PRÉCÉDÉES

D'UN APERÇU DE L'ORIGINE, DES PROGRÈS ET DES RAPPORTS DES LANGUES LATINE ET FRANÇAISE;

Par Henri GERMAIN, Avocat.

Scientiarum janitrix grammatica.

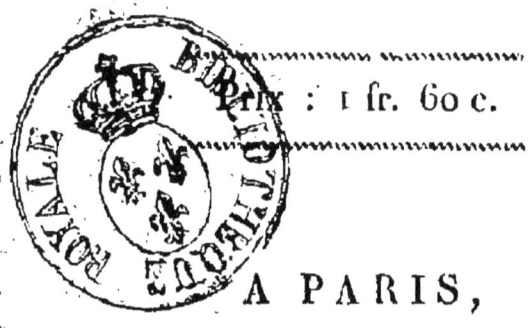

Prix : 1 fr. 60 c.

A PARIS,

Chez RAYNAL, Libraire, rue Pavée-Saint-André-des-Arts, N°. 13.

1822.

DELAGUETTE, Imprimeur, rue Saint-Merry, N°. 22, a Paris.

À MONSIEUR CHARLES BOUFFEY,

Juge d'Instruction.

Mon ami,

La Langue Latine a donné naissance à la nôtre, et à ce titre, abstraction faite de ses beautés, de sa richesse et de ses sublimes productions, elle doit attirer toute notre attention. Enrichie elle-même par la Langue d'Homère et de Xénophon, celle-ci mérite aussi d'être l'objet de nos recherches. L'une et l'autre nous fournissent l'étymologie de la presque totalité de nos mots. La science étymologique est loin d'avoir la futilité que quelques esprits légers lui attribuent : elle donne, pour ainsi dire, la vie aux mots; ceux qui n'offraient par la tradition aucun sens déterminé, qui ne présentaient à l'esprit qu'une idée vague, et qui n'étaient presque que des sons pour l'oreille, prennent tout-à-coup par l'investigation de cette science une existence réelle, la couleur d'une pensée entière, d'un tableau complet. On a toutes les pensées d'une science quand on en a tous les mots, *dit M. de Bonald, dans sa Législation primitive*. Pensée profonde, qui par une admirable simplicité nous indique la source de la science et le chemin qui y conduit. Il faut AVOIR les mots, c'est-à-dire connaître toute la variété de leurs acceptions, toute l'étendue de leur signification ; et comment parvenir à cette connaissance sans recourir à l'origine des mots, sans rechercher leur dérivation, sans interpréter leurs diverses combinaisons ? Cette pensée est pour nous l'apologie la plus étendue de l'utilité des Langues Grecque et Latine. C'est le complément du précepte d'Horace :

...... vos exemplaria Græca
Nocturnâ versate manu, versate diurnâ.

Unis par la conformité de nos goûts et de nos caractères, mon excellent Ami, nos sentimens sur l'étude des Langues-modeles ont encore présenté la même harmonie. En t'adressant ces réflexions je n'ai pas cru te présenter des idées nouvelles sur cet objet, mais elles m'ont paru pouvoir servir d'introduction à mes Études sur la Langue Latine ; et en t'offrant la dédicace de cet Opuscule je satisfais le sentiment d'une bonne et inaltérable amitié.

Henri GERMAIN.

TABLE DES MATIÈRES.

	Pages
Aperçu de l'origine, des progrès et des rapports des Langues latine et française	1
Rapport général de la Langue grecque avec quelques Langues européennes	7
Rapports particuliers et comparaison des Langues grecque et latine	8
Rapports particuliers et comparaison des Langues latine et française	14
Des Noms substantifs	16
Des Genres	ib.
Des Déclinaisons	17
Des Noms hétéroclites ou irréguliers	18
Paradigme des Conjugaisons active et passive	20

Des Altérations des mots
- par addition
  - prothèse .. 23
  - épenthèse . ib.
  - paragoge .. 24
  - diérèse ... ib.
- par soustraction
  - aphérèse .. ib.
  - apocope .. ib.
  - crase ou synérèse ... ib.
  - syncope ou contraction 25
- par changement
  - métathèse . 26
  - antithèse . ib.

Des autres causes des Altérations des mots	27
Construction des phrases { simple	30
{ figurée	44
Ellipse	ib.

Zeugma....................................	48
Sillepse...................................	51
Hyperbate.................................	53
Anastrophe................................	ib.
Tmèse.....................................	ib.
Synchise..................................	54
Hypallage.................................	ib.
Metalepse.................................	55
Metonimie.................................	ib.
Synecdoche................................	57
Antiptose et Enallage.....................	58
Hellénisme................................	62
Note sur la recherche d'une Langue primitive.	66

Fin de la Table des Matières.

ÉTUDES
SUR
LA LANGUE LATINE.

APERÇU
DE L'ORIGINE, DES PROGRÈS ET DES RAPPORTS
DES
LANGUES LATINE ET FRANÇAISE.

L'Histoire des langues se rattache d'une manière frappante à celle des peuples : elles sont barbares et pauvres dans l'origine ; mais elles acquièrent de l'harmonie et deviennent fécondes en proportion de la civilisation et de la prospérité des nations ; enfin elles dégénèrent, se corrompent et s'anéantissent avec elles. Tel a été le sort des langues hébraïque, grecque et latine. Le grec moderne est loin de ressembler à la langue qui depuis trois mille ans immortalise Homère, et qui a valu à Xénophon le nom de *Muse Attique*, et les deux autres ont disparu du langage parlé.

La langue latine fut très-imparfaite à son berceau. Des pâtres et des aventuriers, ramassés de tous côtés dans un pays montagneux, durent offrir l'exemple d'un langage tout-à-fait grossier et confus ; mais l'institution de leurs lois, la prospérité de leurs armes, et l'asservissement du monde connu, lui donnèrent une direction régulière, parce qu'il s'associa, pour ainsi dire, à leurs conquêtes, en héritant progressivement de mots pris dans les langues des nations étrangères qu'ils vainquirent. Dans le moyen âge de leur histoire, la Grèce fut l'école de leurs mœurs, et l'on peut ajouter de leur langage : c'est là qu'ils allaient apprendre à penser et à bien parler; et c'est au sein des académies de cette terre savante, qu'ils recueillirent ces mots énergiques, et ces locutions heureuses dont ils enrichirent leur langue.

Marseille, que le prince des orateurs latins appelait l'Athènes des Gaules, leur offrit un nouveau moyen d'étudier la langue grecque qui était un des points principaux de la bonne éducation. Tels furent l'origine et les progrès de la langue latine, que l'on peut considérer comme la fille aînée de la langue grecque.

La France, connue d'abord sous le nom de Gaule, était en général, avant l'envahissement des Romains, un pays sauvage et barbare où l'on sacrifiait des victimes humaines. Elle fut conquise par César qui en fit une province romaine (d'où vient le nom *Provence*). Telle est la première origine de l'introduction de la langue latine en France. Les légions romaines, pendant environ cinq cents ans que dura leur domination, en répandirent la connaissance parmi les Celtes ou Gaulois : elle devint la langue vulgaire; « mais des peuples stupides, fé- » roces, et depuis long-temps habitués au » brigandage, »(Dulaure, Histoire de Paris) sortis de la Germanie, fondirent sur les Gaules et s'y érigèrent en maîtres. Ces vainqueurs barbares prirent les mœurs et le langage des vaincus civilisés, et préférèrent à leur langage grossier la langue harmonieuse des Romains; mais le latin était déjà bien corrompu dans le langage commun par l'amalgame du celtique auquel il avait succédé, et il le fut bientôt davantage lorsque les Francs y introduisirent les débris de leur langue tudesque. (Cours public de monsieur Pierrot.)

Ce mélange forma un dialecte particulier sous le nom de langue *romane* ou *romance*. (Voyez la grammaire de M. Raynouard qui lui a, pour ainsi dire, redonné l'existence de nos jours.) Le roman des provinces méridionales, appelé roman provençal ou *langue d'oc*, et qui a formé l'italien, l'espagnol et le portugais, était beaucoup plus harmonieux que celui des provinces du nord, connu sous le nom de *théotique* ou *roman wallon*, et qui n'était à sa naissance qu'un jargon barbare. C'est cependant de ce dialecte grossier que la langue française tire son origine.

Elle se forma lentement et eut de grands obstacles à vaincre. Les Francs avaient replongé les Gaules dans la barbarie et l'ignorance : dans cette contrée long-temps exposée aux irruptions et aux ravages des Normands (hommes du nord), sortis de la Suède et du Danemark, la profession des armes était la seule estimée : on se faisait gloire de mépriser les lettres, et chaque province conservait soigneusement son patois comme le signe de son indépendance. Elle surmonta peu-à-peu toutes ces difficultés. L'édit de 1536, par lequel François Ier. ordonna que les transactions civiles et les actes publics, qui jusque-là avaient été rédigés en latin, seraient désormais écrits en langue vulgaire, fut le signal de son triomphe.

Ce fut dans le même siècle que l'on vit paraître la première grammaire française, celle de Robert Etienne, publiée en 1558, et un traité sur la conformité du langage français avec le grec. Il faut se rappeler que Marseille (*Massilia*) a été fondée six cents ans avant J.-C., par une colonie grecque qui s'étendit sur la côte, et mérita d'être admise à l'alliance des Romains. Le grec a donc été parlé en France pendant plusieurs siècles par un peuple civilisé dont l'académie rivalisait avec celle d'Athènes ; et cette langue qui s'est introduite dans la nôtre par l'intermédiaire du latin, a pu et a dû même nous fournir directement une partie des mots que nous en avons conservés.

La langue française est ainsi dérivée, et dans l'ordre suivant, du celtique, du grec, du latin, du tudesque ou francisque et du roman.

Pour établir l'origine des langues latine et française, nous ne prétendons par remonter plus loin que la langue grecque : c'est là notre point de départ. Mais nous avons cru devoir donner une idée des rapports généraux de cette dernière avec quelques langues européennes, par un tableau très-succinct de comparaison.

RAPPORT général de la Langue Grecque avec quelques Langues Européennes.

Grec.	Αθεος. Atheos.	Ανατομικη. Anatomice.	Ιστορια. Istoria.	Μηλον. Melon.	Ποιητης. Poietes.	Ροδον. Rodon.	Τραγωδια. Tragodia.	Θρονος. Thronos.
Latin.	Atheus.	Anatomia.	Historia.	Melo.	Poeta.	Rosa.	Tragœdia.	Thronus.
Français.	Athée.	Anatomie.	Histoire.	Melon.	Poëte.	Rose.	Tragédie.	Thrône.
Italien.	Ateo, Ateista.	Anatomia.	Istoria.	Melone.	Poeta.	Rosa.	Tragedia.	Trono.
Espagnol.	Atea, Ateista.	Anatomia.	Historia.	Melon.	Poeta.	Rosa.	Tragedia.	Trono.
Portugais.	Ateista.	Anatomia.	Historia.	Melam.	Poeta.	Rosa.	Tragedia.	Trono.
Anglais.	Atheist.	Anatomy.	History.	Melon.	Poet.	Rose.	Tragedy.	Throne.
Allemand.	Atheist.	Anatomie.	Historie.	Melone.	Poete.	Rose.	Tragödie.	Thron.

RAPPORTS PARTICULIERS

ET COMPARAISON

DES LANGUES GRECQUE ET LATINE.

Pour établir le rapprochement de ces deux langues, il suffit d'indiquer les principaux traits de ressemblance.

1°. On verra par le tableau de comparaison suivant, que les déclinaisons grecques ont servi de modèle aux latines.

		SINGULIER.				PLURIEL.			
		Nominatif.	Génitif.	Datif.	Accusatif.	Vocatif.	Nom. et Voc.	Génitif.	Datif.	Accusatif.
1re.| Grec.	ας.	ας. (1)	ᾳ. (2)	αν. (αν.) (3)	α.	αι. (2)	ων. (ον.)	αις.	ας.
	Latin.	æ.		æ.	am.	a.	æ.	arum.	is.	as.
2e.	Grec.	ον.		ῳ. (ο.)	ον. (ον.)	ε.	οι. (4)	ων.	οις. (4)	ους.
	Latin.	i.		o.	um. (3-7)	e.	i.	orum.	is.	os.
3e.	Grec.	εος.	ει. (5)	υν. (ιν.)	υ.		εις. (6)	εων.	εσι.	εις. (6)
	Latin.	is.	i.	im.	i.		es.	ium.	ibus.	es.

Ce Tableau est extrait de la Grammaire de M. Premion.

1. La langue latine fit aussi le génitif de la première déclinaison en *as* ; on dit encore *pater familias*.

2. *Æ* vaut *ai*, dont se servaient les anciens Romains : *aulaï, aquaï*, et *ai* devient souvent *a*.

3. Quintilien dit que les Grecs changeaient le *m* final en *n*, qui avait un son plus agréable. (Port R. 1819, page 616.)

4. Les Grecs prononçaient *oi* comme *i*, de manière à confondre λιμός avec λιμός. (Thuc.)

5. *Ei* vaut *i* en latin, d'ailleurs

6. *Is* ou *es* n'est souvent en latin qu'une contraction d'*eis*; on disait autrefois *omnis* ou *omneis* pour *omnes*.

7. *U* et *o* se sont souvent confondus. Voyez page . Quintilien prétend qu'on peut dire presque indifféremment *servom* et *servum*. (P. R.)

2°. Les principales prépositions qui entrent dans la composition de la langue grecque, ont passé dans le latin et même dans le français. Nous nous bornerons à citer quelques-unes des initiales, telles que : *a* — *amphi* — *ana* — *anti* — *apo* — *archi* — *cata*

— dia — epi — meta — pera — peri — pro — syn — hyper — hypo. (a)

EXEMPLES.

αθεος.	atheus.	athée.
ατομος.	atomus.	atôme.
αμφιβιος.	amphibium.	amphibie.
αμφιθεατρον.	amphitheatrum.	amphithéâtre.
αναλυσις.	analysis.	analise.
αναλογια.	analogia.	analogie
αντιθεσις.	antithesis.	antithèse.
αντιπαθεια.	antipathia.	antipathie.
απολογος.	apologus.	apologue.
αποστολος.	apostolus.	apôtre.
αρχιτεκτων.	architectus.	architecte.
αρχετυπον.	arche-typus.	archétype.
καταλογος.	catalogus.	catalogue.
καταστροφη.	catastrophe.	catastrophe.
διαδημα.	diadema.	diadême.
διαλογος.	dialogus.	dialogue.
επιγραμμα.	epigramma.	épigramme.
επιταφιος.	epitaphium.	épitaphe.

(a) Voyez la liste et les explications des initiatifs et terminatifs dans le cours de M. Le Mare, page 8.

μεταθεσις.	metathesis.	metathèse.
μεταφορα.	metaphora.	metaphore.
παραβολη.	parabola.	parabole.
παραδοξον.	paradoxum.	paradoxe
περιοδος.	periodus.	période.
περιφρασις.	periphrasis.	périphrase.
προβλημα.	problema.	problême.
προλογος.	prologus.	prologue.
συνθεσις.	synthesis.	synthèse.
συμβολον.	symbolum.	symbole.
υπερβιος. (a)	superbus.	superbe.
υπερβολη.	hyperbole.	hyperbole.
υποχριτης.	hypocrites.	hypocrite.
υποθεσις.	hypothesis.	hypothèse.

3º. Les Grecs changent, à l'aoriste qui est un parfait, leurs lettres figuratives de la manière suivante : $b - p$ en ps (Ψ) ; $g - c$ en x (ξ) ; $d - t$ en s. Les Latins, à leur imitation, ont fait *scripsi* parfait de *scribo*; *carpsi* de *carpo*; *dixi* de *dico*; *junxi* de *jungo*; *lœsi* de *lœdo*; etc.

4º. Les Grecs font précéder leurs verbes,

(a) *Hyper*, υπερ, *super* ont la même signification.

au parfait, de la voyelle ε, devant laquelle ils répètent la consonne initiale du radical ; c'est ce qu'on appelle *redoublement*. De *luo*, ils font *le-luca* (λελυκα). C'est encore à leur imitation que les Latins ont dit *pependi* de *pendeo* ; *fefelli* de *fallo* ; *tetigi* de *tango*, et qu'ensuite ils ont quelquefois substitué une autre voyelle à *e* : *mo-mordi* de *mordeo* ; *to-tondi* de *tondo*.

Que l'on cesse, en méditant ces deux dernières remarques, de considérer comme irrégularité ce qui est fondé sur une cause étymologique ou de similitude, et ce qui, souvent, tient à l'euphonie.

5°. Enfin, les Latins se sont fréquemment écartés des règles de leur langue pour adopter les locutions et les tournures de phrase communes aux Grecs, et c'est ce qui sera établi dans le cours de ces Etudes.

RAPPORTS PARTICULIERS

ET COMPARAISON

DES LANGUES LATINE ET FRANÇAISE.

Ce qui doit surtout fixer l'attention des Français dans l'étude de la langue latine, c'est le rapport qui existe entre cette langue et la leur ; rapport qui indique la dérivation des mots, et qui fournit des moyens et des raisons d'ortographe. Que l'on se demande par exemple pourquoi ces mots : *saint, ceint, sain, sein*, etc., qui se confondent dans la prononciation, s'écrivent-ils d'une manière si différente, on en trouvera l'explication dans leur comparaison avec les termes latins auxquels ils correspondent. Par exemple :

Sanctus,	*Cinctus,*	*Sanus,*	*Sinus.*
Saint,	Ceint,	Sain,	Sein.

Census,   Sensus,   Sanguis,   Centum.
Cens,   Sens,   Sang,   Cent.

Vinum,   Vanus,   Vigenti.
Vin,   Vain.   Vingt.

« Il est de fait, dit M. Le Mare, que presque tous les mots latins sont des mots français plus ou moins reconnaissables. »

Nous citerons quelques mots à l'appui de cette assertion, en ajoutant qu'on pourrait en présenter un vocabulaire volumineux.

Orient-*is*.   Bon-*us*.   Ver-*mis*.
Occident-*is*.   Duc-*is*.   Fort-*is*.
Insolent-*is*.   Horizon-*tis*.   Act-*us*.
Prudent-*is*.   Mont-*is*.   Opulent-*is*.
Absent-*is*.   Pont-*is*.   Amant-*is*.
Antecedent-*is*.   Port-*us*.   Sang-*uis*.
Abject-*us*.   Monument-*um*.   Cultur-*a*.
Abus-*us*.   Instrument-*um*.   Lectur-*a*.
Legat-*us*.   Moment-*um*.   Structur-*a*.
Scelerat-*us*.   Ligament-*um*.   Censur-*a*.
Candidat-*us*.   Futur-*us*.   Captur-*a*.
Venal-*is*.   Public-*us*.   Figur-*a*.

DES NOMS SUBSTANTIFS.

Les noms substantifs ont été créés pour désigner une substance, un être qui tombe sous nos sens : — *arbre, maison;* ou pour peindre les images de nos idées, — *vertu, prudence.* Leurs principaux attributs sont le genre, le nombre et le cas : ces deux derniers forment la déclinaison.

DES GENRES.

Le genre sert à marquer la distinction des sexes. Il y en a deux, le masculin et le féminin : *hic vir, hæc femina.*

On en reconnaît trois autres : le *neutre*, qui a été créé pour les choses qui n'ont point de sexes, *hoc templum.*

Le *commun* ou *épicène*, qui s'applique aux noms communs aux deux espèces, *hic et hæc adolescens*, le jeune homme et la jeune fille.

Le *douteux*, qui convient aux noms sur

lesquels les auteurs ont varié : *hic* et *hoc vulgus* ; *hic* et *hæc finis*.

NOTA. Le masculin et le féminin sont appliqués abusivement aux êtres non animés, et le neutre aux êtres animés. Cet abus n'existe pas dans la langue anglaise.

DES DÉCLINAISONS.

TABLEAU analytique des cinq Déclinaisons régulières, tel qu'il est présenté par M. LE MARE, avec une légère simplification.

NOMBRES	CAS.	1re DÉCL. M.etF.	2e DÉCLINAISON M.etF.	2e DÉCLINAISON M.etF.	3e DÉCLINAISON M.etF.	3e DÉCLINAISON M.etF.	4e DÉCL. M.etF.	5e DÉCL. M.etF.
Sing.	Génitif.	æ	i	i	is	is	us	ei
	Datif.	æ	o	o	i	i	ui	ei
	Ablatif.	a	o	o	e ou i	i ou e	u	e
	Accus.	am	um	um	em	*	um	em
	N. et V.	a	N.u ou+ V.e ou*	um	*	*	us	es
Plur.	Génitif.	arum	orum	orum	um ou ium	um ou ium	uum	erum
	D. et Ab.	is	is	is	ibus	ibus	ibus	ebus
	Accus.	as	os	a	es	a ou ia	us	es
	N. et V.	æ	i	a	es	a ou ia	us	es

DES NOMS HÉTÉROCLITES ou IRRÉGULIERS.

On appelle hétéroclites les noms qui s'écartent des règles qui gouvernent les déclinaisons régulières.

Les uns viennent du grec dont on a conservé les désinences, tels que *cometes* (Κομήτης), *Orpheus* (Ορφευς), *Heros* (Ηρως).

Les autres varient leur genre, c'est-à-dire qu'ils changent au pluriel celui du singulier, tels que *tartarus*, *avernus*, masculins, qui prennent le neutre au pluriel, *tartara*, *averna*. — *Locus* fait *loca* ou *loci*. — *Cœlum* neutre, fait *cœli* masculin.

D'autres appartiennent à plusieurs déclinaisons; *vas*, gén. *vasis*, se décline sur la 2ᵉ. au pluriel, *vasa*, *vasorum*. — *Domus*, par ses diverses terminaisons appartient à la 2ᵉ. et à la 4ᵉ. — *Vis* est parisyllabique au singulier, et imparisyllabique au pluriel, etc.

Quelques-uns sont défectueux. Les noms propres, par exemple, n'ont point de pluriel, comme *Petrus*, *Lutetia*. — D'autres substantifs n'ont point de singulier, comme *Athenæ*, *arma*, *nuptiæ*, *grates*, etc.

Il est fort important, avant d'entreprendre la traduction des auteurs, de bien se familiariser avec ces noms hétéroclites. On trouvera dans P. R. des notions assez étendues sur ce sujet.

En effet, en ouvrant Virgile pour la première fois, on est arrêté au cinquième vers par le mot *Amaryllida*. De quel nominatif vient-il ? à quel cas est-il ? *Amaryllida* est un accusatif imité du grec, appartenant à la déclinaison imparisyllabique : *Amaryllis*, gén. *Amaryllidis*, acc. *Amaryllidem* et *Amaryllida*. Le commentaire de Jouvenci ne donne aucune explication à cet égard. — Comment encore découvrir que le mot *tempe*, Géorg. II. 469, appartient à une des déclinaisons contractes des Grecs, et vient de *tempea, tempé* (τεμπ-εα, η), plur. neutre. Le même commentaire porte à ce mot : *Locus amenissimus in Thessalia, quem Peneus amnis præterfluit;* mais comme il s'agit moins en étudiant Virgile d'acquérir des connaissances historiques que des principes de latinité, le commentateur eût mieux rempli son but en indiquant que ce mot est un pluriel neutre imité du grec.

DES CONJUGAISONS.

PARADIGME, ou Table générale des Conjugaisons régulières.

INFINITIF.			INDICATIF.				
PRÉSENT.	PARF.	PART.P.	PRÉS.	IMPARF.	PARF. (1)	PL. P (2)	FUTUR.
am- *are*	*avisse*	*atus*	o, as	abam	av i / isti / it / imus / istis / erunt, ére	*averam*	abo, abis / abunt.
mon- *ere*	*uisse*	*itus*	eo, es	ebam	u	*ueram*	ebo, ebis / ebunt
leg - *ere*	*isse*	*lectus*	o, is / iunt	ebam	i	*eram*	am, es
aud- *ire*	*ivisse*	*itus*	io, is / unt	iebam	iv	*iveram*	iam, ies
IMPÉRATIF.				**SUBJONCTIF.**			
					(3)	(4)	(5)
a, ato, emus, áte, anto			em	arem	averim	avissem	avero, eris
e, eto, eamus, ete, ento			cam	erem	uerim	uissem	uero, eris
e, ito, amus, ite, unto			am, es	erem	erim	issem	ero, eris
i, ito, iamus, ite, iunto			iam	irem	iverim	ivissem	ivero, eris

RÈGLE GÉNÉRALE.

Lorsque la première personne se termine

en M, pour former les autres, on change cette lettre en s—t—mus—tis—nt;

EXEMPLE : Amaba $\begin{cases} m. \\ s. \\ t. \\ mus. \\ tis. \\ nt. \end{cases}$

Si la première personne a une autre terminaison, on fait le même changement; mais à partir seulement du *s* final de la deuxième;

EXEMPLE : Amo—ama $\begin{cases} s. \\ t. \\ mus. \\ tis. \\ nt. \end{cases}$

La troisième personne du pluriel du présent de l'indicatif et du futur, ainsi que toutes celles de l'impératif qui ne sont pas formées d'après cette règle générale, sont portées sur la table.

VERBES PASSIFS.

Toutes les désinences des verbes actifs se réduisent aux sept lettres suivantes : *a*, *e*, *i*, *o*, *m*, *s*, *t*, à l'aide desquelles on peut obtenir de la manière la plus simple, la forme passive des temps et des personnes correspondans. (Excepté celle de l'infinitif dont *e* final se change en *i*.)

Ajoutez à
- o r   amo *r*.
- t *ur*   amat *ur*.
- a ⎫
- e ⎬ *re*   ama *re*.
- i ⎭   mone *re*.
             audi *re*.

Changez
- as
- es
- is
- us
- tis-te
- m

en
- *aris*
- *eris*
- *iris*
- *ur*
- *mini*
- *r*

- am { as. / *aris*. }
- mon { es. / *eris*. }
- aud { is. / *iris*. }
- amam { us. / *ur*. }
- ama { tis. / *mini*. }
- ame { m. / r. }

NOTA. Les temps marqués d'un chiffre ne sont point susceptibles de ces changemens ; ils forment leur passif du participe passé avec les temps du verbe *Sum* ci-après, 1°. *sum*, 2°. *eram*, 3°. *sim*, 4°. *essem*, 5°. *ero*.

DES ALTÉRATIONS DES MOTS.

Après avoir succinctement rappelé les modifications que les mots sont susceptibles d'éprouver par les déclinaisons et les conjugaisons, il convient de passer en revue les altérations que le besoin d'abréger, celui d'éviter le concours des sons désagréables ou difficiles à prononcer, ou inusités dans la langue, et la nature des lettres qui se rencontrent y ont introduits.

On appelle *métaplasme* toute altération usitée au matériel d'un mot : elle s'opère par *addition*, *soustraction* ou *changement* de lettres ou de syllabes.

PAR ADDITION.

L'addition a lieu de quatre manières.

1°. Au commencement d'un mot, *gnavus* pour *navus* : c'est ce qu'on appelle *prothèse*. Grec ἵντα pour ντα.

2°. Au milieu d'un mot, par l'intercallation

ou l'interposition d'une lettre; ce qu'on nomme *epenthèse :*

Ju*p*piter pour Jupiter. Georg. I. 148. Æn. I. 227.
Reppulit —— Repulit. Id. IV. 233.
Relliquias —— Reliquias. Æn. 1. 34. — 602.
Stuppea —— Stupea. Æn. II. 236.
Relligio, relligiosa, etc. Grec ἴδδυσεν pour ἴδεισεν.

3°. A la fin des mots par *paragoge* : *dicier dici*; *immiscerier* pour *immisceri*. Georg. I. 454.

4°. Par *diérèse*, ou division d'une diphtongue en deux syllabes : *aulaï* pour *aulai* ou *aulœ*. Grec τυπτει pour τυπτυ.

PAR SOUSTRACTION.

La soustraction a également lieu de quatre manières, qui sont :

1°. L'*aphérèse,* ou suppression de la première syllabe : *temnere* pour *contemnere*. Grec κεινοι pour ἐκεινοι.

2°. L'*apocope,* ou retranchement à la fin d'un mot : *tun'* pour *tune*. Grec πολλάκι pour πολλάκις.

3° La *crase* ou *synerèse,* par laquelle on réunit deux syllabes en une : *dî* pour *dii*,

dis — diis, lavini — lavinii. Æn. I, 262.
Grec τυχεῖ pour τυχεί.

4°. La *syncope* ou *contraction* est la suppression d'une lettre ou d'une syllabe dans le milieu d'un mot. Cette altération est une des plus fréquentes, et mérite d'être particulièrement notée. Grec ἑτάιροις pour ἑταίροις.

La soustraction la plus ordinaire est celle des lettres suivantes :

E.... *aspris* pour *asperis*. Æn. II, 379.
I.... *compostus* pour *compositus*. Æn. I, 253. { *Sequentûm*. Æn. III, 111. *Venientûm*. Æn. I, 438.
U.... *sœclorum* pour *seculorum*. Egl. IV, 5 ; *vincla-vincula*. Æn. II, 147.
AR.. *Æneadúm* p.' *Æneadarum*. Æn. I, 569.
OR.. *Deúm*, *divúm*, *virúm*, *superúm*, *Argivúm*, *Danaúm*, *Teucrúm*; pour *Deorum*, *divorum*, etc. Æn. I, 8, etc.
HE.. *comprendere*, *comprensa*, pour *comprehendere*, *comprehensa*. Geog. II, 104.
SI... *accestis* pour *accessitis*. Æn. I, 205.
VE.. *noram*, *habitarunt*, *vocaris*, *implerunt*, *pararit*, *laudarit*, *norint*, *assuerint*, *tintarat*, *flerunt*, *onera-*

rat, jugarat, afflarat, sudarit; pour *noveram*, *habitaverunt*, etc. Egl. I, 24; II, 60; III, 49; VI, 48-79; VII, 27 etc.

VI... *quæsisset, servasse, nosse, gustassent, certasse, remeassem, violasset, explesse, satiasse, superasti;* pour *quæsivisset, servavisse,* etc. Egl. VI, 51; IX, 10. Georg. II, 108. Æn. I, 477-552, etc.

PAR CHANGEMENT.

Le changement s'opère de deux manières, qui sont :

La *metathèse* ou transposition d'une lettre : *pistris* pour *pristis*. Grec κραδίην pour καρδίην.

L'*antithèse* ou opposition de lettres, lorsqu'on substitue une lettre à une autre : *olli* pour *illi*. Æn. I, 258. Grec κοίλης pour κοίλαις.

DES AUTRES CAUSES

DES

ALTÉRATIONS DES MOTS.

On trouve dans les auteurs latins des différences marquées dans le choix des termes, et dans l'ortographe des mots. Ces différences proviennent de quatre causes principales:

Première cause. Les auteurs ont écrit à des époques différentes et quelquefois éloignées, et la langue latine (comme toutes les langues dans ce cas-là) a éprouvé dans l'intervalle des modifications, soit par l'abandon d'expressions vieillies, l'admission de nouveaux mots, ou des rectifications d'ortographe.

Deuxième cause. Les poëtes, de toutes les nations ont toujours admis des termes non employés par les prosateurs, ou se sont permis d'altérer ceux usités.

Troisième cause. La langue latine, si répandue lorsque Rome était la métropole du monde, a éprouvé l'influence de la décadence de l'empire, et a été corrompue par les auteurs de la basse latinité.

Quatrième cause. Enfin, sous prétexte de rectifier les auteurs anciens, on les a falsifiés en les réimprimant ; ce qui établit des différences embarrassantes entre les anciennes et les nouvelles éditions. Par exemple : Virgile et Saluste ont souvent écrit *artis*, *hostis*, *omnis*, pour *artes*, etc. — *lacrumæ*, *maxumus*, pour *lacrymæ*, *maximus*, — *advorsus* pour *adversus*, — *caussa*, *paullo*, pour *causa*, *paulò*.

Il est à remarquer que ces prétendues rectifications n'ont eu lieu qu'en France, et que les étrangers, et notamment les Anglais, conservent soigneusement le texte originaire. — Nous remarquerons que les deux derniers mots cités, *caussa* et *paullo*, adoptés par Salluste, prouvent que le redoublement d'une consonne n'a pas été admis seulement par les poëtes pour rendre longue une syllabe brève, ainsi que des auteurs modernes l'ont cru.

Il résulte de ces rectifications, que lorsqu'on ne connaît que les éditions nouvelles, on se trouve embarrassé avec les anciennes, ou bien, par ignorance, on signale des fautes qui n'existent pas.

On disait autrefois *fructuis*, *exercituis*, d'où est venu par contraction *fructûs*, et ensuite *fructu* au datif pour *fructui*.

Parce metu, Cytherea. Æn. I. 257.
« Abstiens-toi de craindre, ô Cythérée. »

Namque aliæ victu invigilant. Georg. IV. 158.
« Car les unes sont chargées du soin des vivres. »

Metu, victu, pour *metui, victui.*

La cinquième déclinaison avait plusieurs terminaisons au génitif; on trouve encore *die, specie,* pour *diei, speciei.*

Libra diē somnique pares ubi fecerit horas. Georg. I. 208.
« Dès que la balance aura fait les heures du jour et du
» sommeil égales. »

On peut au reste consulter la table de la manière d'écrire des anciens, nouvelle méthode dite de Port-Royal, édition de Delalain (1819), page 635

3 *

DE LA CONSTRUCTION DES PHRASES.

On ne doit s'appliquer à la construction des phrases qu'après avoir bien saisi celle des mots.

La construction des phrases est simple ou figurée.

DE LA CONSTRUCTION SIMPLE.

Cette construction simple ou régulière est celle qui suit l'ordre naturel des idées, et qui approche le plus du langage parlé.

Toute phrase simple doit être exacte, c'est-à-dire complète et régulière.

Pour être complète, elle doit avoir un sujet, un verbe, et un objet ou attribut. Par exemple, *Pierre aime Paul*; Pierre est le sujet, ou celui qui fait l'action; aime, exprime les manières de l'action; Paul, est l'objet ou attribut du verbe, c'est-à-dire qui souffre l'action.

Pour être régulière, elle doit accorder,

suivant les règles de la grammaire, tous les mots qui la composent.

Toutes les fois qu'on ne rencontre pas cette exactitude dans une phrâse, c'est qu'elle appartient à la construction figurée, ou qu'elle exprime un hellenisme ou tournure grecque.

La langue latine a non-seulement emprunté des mots de la langue grecque, mais encore ses règles grammaticales et son génie. Nous en fournirons quelques exemples.

Nous allons donner les règles générales de la construction simple, c'est-à-dire de l'accord et du régime des différentes parties du discours; nous traiterons ensuite de la construction figurée.

RÈGLE I.

Lorsque deux substantifs se rapportent à une même chose, on les met au même cas : — *Alme sol, possis nihil urbe Româ visere majus!* Hor. « Soleil vivifiant, puisse-tu ne rien voir de plus grand que la ville de Rome! » (que Rome, ville.)

I I.

Lorsque deux substantifs de différente

signification se rencontrent, le second se met au génitif : — *Crescit amor nummi quantùm ipsa pecunia crescit.* Juv. « L'amour de l'argent croît autant que l'argent lui-même croît. »

III.

Les adjectifs, les participes et les pronoms s'accordent avec le substantif auquel ils se rapportent en genre, nombre et cas : — *Rara avis in terris, nigroque simillima cigno.* Juv. « Oiseau rare sur la terre, et très-semblable à un cigne noir. »

IV.

Les adjectifs gouvernent différens cas :
1°. Ceux qui expriment un souvenir, un désir, une crainte, et ceux qui ont une signification contraire, régissent le génitif : — *Est natura hominum novitatis avida.* Plin. « La nature des hommes est avide de nouveauté. — *Immemor beneficii.* « Celui qui oublie un bienfait. » — *Timidus deorum.* Ovid. « Celui qui craint les dieux. »

2°. Ceux qui expriment l'utilité, le dommage, la ressemblance, la différence, le plaisir, la soumission, ou un rapport à quelque chose, régissent le datif : — *Clementia utilis est victori et victo.* Just. « La clémence est utile au vainqueur et au vaincu. » — *Patri similis.* Cic. « Semblable au père. » — *Jucundus amicis.* Martial. « Agréable aux amis. » — *Finitima sunt falsa veris.* Cic. « Les choses fausses sont voisines des choses vraies. »

3°. L'adjectif est souvent accompagné de l'accusatif gouverné par une préposition exprimée ou sous-entendue : — *Alcibiades ad omnes res aptus erat.* C. Nep. « Alcibiades était propre à toutes choses. » — *Vultum demissus.* » Abattu par le visage. — Le visage abattu. »

4°. Les adjectifs qui expriment l'abondance ou le besoin, régissent l'ablatif, et quelquefois le génitif : — *Atra regum hominibus plena sunt, amicis vacua.* Sen. « Les palais des rois sont remplis d'hommes et vides d'amis. »

V.

Le verbe s'accorde avec son nominatif en nombre et en personne : — *Sera numquàm ad bonos mores via.* Sen. « La pratique des bonnes mœurs n'est jamais tardive. »

VI.

Les verbes substantifs ont après eux le même cas que devant : — *Deus est summum bonum.* « Dieu est le souverain bien. » — *Fides religionis nostræ fundamentum habetur.* « La foi passe pour le fondement de notre religion. »

VII.

Presque tous les autres verbes ont après eux un adjectif qui s'accorde avec le nominatif du verbe en genre, nombre et cas : — *Pii orant taciti.* « Les hommes pieux prient silentieux. » — *Malus pastor dormit supinus.* « Le mauvais pasteur dort étendu. »

VIII.

Le verbe *sum* lorsqu'il marque la possession, le devoir ou l'indication; les verbes qui signifient accuser, condamner, avertir, absoudre, et autres semblables; *misereor, miserescor, satago, reminiscor, obliviscor, memini, recordor,* gouvernent le génitif : — *Adolescentis est majores natu revereri.* Cic. « Le jeune homme doit respecter ceux qui sont plus âgés que lui. — *Qui alterum accusat probri , eum ipsum se intueri oportet.* Plaut. « Celui qui accuse un autre d'une action honteuse doit s'examiner lui-même. » — *Is rerum suarum satagit.* Ter. « Celui-ci est soigneux de ses affaires. » — *Oro miserere laborum tantorum, miserere animi non digna ferentis.* Virg. « Je vous prie d'avoir pitié de tant de travaux, et d'une âme qui supporte des choses non méritées. » — *Proprium est stultitiæ aliorum vitia cernere, oblivisci suorum.* Cic. « Le propre de la sottise est de remarquer les défauts des autres, et d'oublier les siens. »

Les quatre derniers verbes ci-dessus gouvernent aussi l'accusatif : — *Hæc olim meminisse juvabit.* Virg. « Rappeler ces choses vous réjouira un jour. — *Se ritè audita recordor.* « Si je me rappelle bien les choses que j'ai entendues. »

I X.

Les verbes qui marquent une attribution ou une acquisition ; ceux qui signifient servir ou nuire, comparer, donner et rendre, promettre et payer, ordonner et annoncer, confier, céder et résister, menacer et se fâcher; les verbes composés des adverbes *benè, satis, malè*, et des propositions *præ, ad, con, sub, antè, post, ob, in, inter;* et enfin le verbe *sum*, mis à la place de *habeo*, et ses composés, régissent le datif: — *Mihi istìc nec seritur nec metitur.* Plaut. « Ici, on ne sème ni ne moissonne pour moi. » — *Nec potes mihi commodare nec incommodare.* « Tu ne peux ni me servir ni me nuire. — *Sic parvis componere magna solebam.* Virg. « J'avais ainsi l'habitude de comparer les grandes choses aux petites. » — *Fortuna multis dat nimis, satis nulli.* Mart. « La fortune accorde trop au plus grand nombre, et assez à personne. — *Quæ tibi promitto.* Cic. « Les choses que je te promets. » — *Vacuis committere venis nil nisi lene decet.* Hor. « Il ne faut confier rien que de léger à des veines vides. — *Semper optemperat pius filius patri.* « Un fils respectueux obéit à son père. — *Ignavis precibus semper fortuna repugnat.* « La fortune résiste toujours aux prières faibles. » — *Utrique mortem est minitatus.* Cic. Il menaça l'un et l'autre de la mort. » — *Dii tibi benefaciant.* Cic. « Que les dieux te comblent de bienfaits. » — *Iniquissimam pacem, justissimo bello antefero.* Cic. « Je préfère une paix très-inique à la plus juste guerre. » — *Postpono famœ pecuniam.* « J'estime moins l'argent que la réputation. » — *Est mihi namque domi pater, est injusta noverca.* Virg. « Car j'ai à la maison un père, et j'ai une belle-mère injuste. » — *Mihi nec obest nec prodest.* « Il ne me nuit ni ne me sert. »

X.

Les verbes transitifs, soit actifs, soit déponens, gouvernent l'accusatif : — *Virtus extollit hominem.* Sen. « La vertu élève l'homme. » — *Aper agros depopulatur.* « Le sanglier ravage les champs. »

XI.

La plupart des verbes neutres gouvernent le datif, quelques-uns l'accusatif : — *Miseris succurrere disco.* Virg. « J'apprends à secourir les malheureux. » — *Ardebat Alexin.* Virg. « Il aimait Alexis. »

XII.

Les verbes qui marquent l'abondance ou la privation ; ceux qui signifient accuser, absoudre, condamner ; *fruor, utor, dignor,* etc., gouvernent l'ablatif : — *Affluere omnibus bonis.* « Abonder de toutes sortes de biens. » — *Phocion sæpè pecuniâ carebat.* C. Nep. « Phocion manquait souvent d'argent. » — *Criminibus falsis insimulare virum.* Ovid. « Accuser un homme de crimes faux. » — *Haud equidem tali me dignor honore.* Virg. « Certes je ne me crois pas digne d'un tel honneur. »

XIII. (a)

Avec les verbes passifs, le nom qui leur sert d'objet se met à l'ablatif gouverné par la préposition *a* ou *ab* : — *Laudatur ab his, culpatur ab illis.* Hor. « Il est loué par ceux-ci, blâmé par ceux-là. »

XIV.

Quelques verbes, participes et adjectifs, sont accompagnés de verbes à l'infinitif : — *Dicere quæ puduit, scribere jussit amor.* Ovid. « L'amour m'a ordonné d'écrire les choses que j'ai eu honte de dire. »

XV.

Les participes, les gérondifs et les supins

(a) C'est une erreur de penser que le verbe passif gouverne l'ablatif : ce cas, comme le dit Port-Royal, est régi par la préposition.

régissent le même cas que les verbes dont ils dérivent : *Duplices tendens ad sidera palmas.* VIRG. « Elevant les deux mains vers le ciel. » — *Efferor studio patres vestros videndi.* CIC. « Je suis transporté du desir de voir vos pères. » — *Utendum est ætate : cito pede præterit ætas.* OVID. « Il faut profiter du temps : le temps marche d'un pas rapide. »

X V I. (a)

Le gérondif en *di* est assimilé au génitif, dont il tient lieu lorsqu'il se rencontre avec un substantif; le gérondif en *do* est assimilé de la même manière à l'ablatif; et le gérondif en *dum* à l'accusatif : — *Cecropias innatus apes amor urget habendi.* VIRG. « L'amour inné d'avoir (d'amasser) excite les abeilles du pays de Cecrops (l'Attique). »

(a) Le gérondif est un nom verbal substantif, pris de l'adjectif ou participe de même terminaison. P.-R. édition de Delalain, p. 455. — Le prétendu gérondif n'est autre chose que l'adjectif passif. LE MARE, p. 203.

Cette question pour être entendue a besoin d'être examinée dans les auteurs que nous indiquons : les bornes de ce petit volume ne nous permettent pas de nous livrer à des détails trop étendus.

— *Et quæ tanta fuit tibi Romam causa videndi?* Virg. « Et quel fut pour toi un si grand motif de voir Rome ? »

XVII.

Les noms qui indiquent une partie du temps sont souvent placés à l'ablatif : — *Nemo mortalium omnibus oris sapit.* Plin. « Aucun mortel n'est sage dans tous les instans. »

XVIII.

Les noms qui désignent la durée du temps sont placés à l'accusatif : — *Hic jam ter centum totos regnabitur annos.* Virg. « Il sera regné ici déjà pendant trois fois cent ans entiers (s. *per*). » — *Non horam tecum esse potes.* Hor. « Tu ne peux pas être une heure avec toi-même. »

XIX. (a)

Les verbes impersonnels n'ont pas de

(a) Certains verbes étant généralement considérés comme impersonnels, nous avons adopté cette règle pour nous conformer à l'usage ; mais, dit P.-R., Consentius Romanus, Jules Scaliger et Sanctius ne reconnaissent d'autres impersonnels que les infinitifs. — Dans l'exemple que nous avons donné *ire*, nom verbal pris substantivement, sert nominatif : — *Juvat ire sub umbras.* « On se plait à aller à l'ombre. »

X X.

Le verbe *juvat* gouverne l'accusatif ; *attinet*, *pertinet*, *spectat* sont accompagnés du même cas précédé de la préposition *ad* : — *Multos castra juvant.* Hor. « Les camps réjouissent beaucoup de personnes. » — *Negotium hoc ad me attinet.* Plaut. « Cette affaire me regarde. » — *Non ea ad religionem spectant.* Cic. « Ces choses ne concernent pas la religion. »

X X I.

Quelques adverbes de lieu, de temps et de quantité gouvernent le génitif : — *Fratrem nusquam invenio gentium.* Ter. « En aucune part des nations je ne trouve mon frère. » — *Hùc arrogantiæ venerat.* Tac. « Il en était venu à ce point d'arrogance. » —

---

de nominatif à la phrase *le aller réjouit moi* : c'est ainsi qu'on dit en grec τὸ λαλεῖν, en italien *il parlare*, et en français *le manger*. La particule on, que l'on considère comme un signe du verbe impersonnel, n'est qu'une contraction du mot *homme* qu'elle représente, et sert ainsi de nominatif au verbe.

Nihil tunc temporis ampliùs, quam flere, poteram. « Je ne pourrai plus rien alors que pleurer. » — *Satis eloquentiæ, sapientiæ parùm.* SALL. « Assez d'éloquence, peu de sagesse. »

Instar pris adverbialement gouverne le même cas : — *Instar montis equum, divinâ Palladis arte ædificant.* VIRG. « Ils construisent un cheval à l'instar d'une montagne avec l'art (le secours) divin de Pallas. »

XXII.

En et *ecce* régissent l'accusatif ; mais on les rencontre plus souvent avec le nominatif : — *En Priamus.* VIRG. « Voilà Priam. » — *En quatuor aras.* VIRG. « Voilà quatre autels. » — *Ecce autem nova turba atque rixa.* CIC. « Mais voilà un nouveau trouble, une nouvelle rixe. » — *Ecce rem.* PLAUT. « Voici le fait. »

XXIII.

Les prépositions qui gouvernent l'accusatif sont : *ad, adversùm, adversùs, ante, apud, circa, circum, circiter, cis, citra, contra, erga, extra, infra, inter, intra, juxta, ob, penès, per, pone, post, præter, prope, propter, secundùm, secus, supra, trans, versùs, ultra, usque.*

Celles qui gouvernent l'ablatif sont : *a, ab, abs, absque, coràm, cum, de, e, ex, palam, præ, pro, sine, tenus.*

Enfin les prépositions *clam, in, sub, subter, super,* gouvernent l'accusatif et l'ablatif : — *Clam patrem.* Ter. « A l'insu du père. » — *Clam iis.* Cic. « A leur insu. » — *Accipit in Tencros animum, mentemque benignam.* Virg. « Elle reçoit un esprit et un cœur favorables aux Troyens. — *Reges in ipsos imperium est Jovis.* « L'empire de Jupiter est au-dessus des rois eux-mêmes. » — *Sub judice lis est.* Hor. « Le procès est sous le juge (en jugement). — *Sub Tartara mittam desertorem Asiæ.* Virg. « J'enverrai au Tartare le déserteur de l'Asie. » — *Districtus ensis super empiá cervice pendet.* Hor. « Une épée tirée pend sur son cou empie. » — *Alii super alios trucidantur.* Liv. « Ils sont égorgés les uns sur les autres. »

XXIV.

La préposition en composition régit souvent le même cas qu'elle gouverne lorsqu'elle

est isolée : — *Detrudunt naves scopulo.* Virg.
« Ils poussent les vaisseaux loin des rochers. »

DE LA CONSTRUCTION FIGURÉE.

Cette construction est celle qui s'éloigne des règles ordinaires pour suivre des tournures particulières de phrases que l'on appelle figures.

« La connaissance de ces figures est si
» nécessaire, que sans elle il n'est presque
» pas possible de rien entendre nettement
» dans les auteurs, ni de rien écrire qui
» ressente un peu cette pureté et naïveté
» latine des anciens. » (Nouvelle méthode de P. R.)

ELLIPSE.

L'*ellipse* est une figure par laquelle on doit sous-entendre un mot non exprimé dans une phrase : elle prend le nom de *zeugma*, si le mot existe déjà dans une proposition, et est sous-entendu dans une ou plusieurs autres.

C'est la figure que l'on rencontre le plus fréquemment dans les auteurs. On en distingue plusieurs espèces particulières.

Il n'y a point de proposition qui ne soit composée d'un nom et d'un verbe : si l'un ou l'autre n'est pas exprimé, il est sous-entendu : *aiunt,* sous-entendu *homines,* « les hommes disent ; » — *sed vos qui tandem* (s. *estis*)? « mais vous enfin qui êtes vous ? » Æn. I. 373. — *Di meliora piis* (s. *dent*). Georg. III. 513. « Que les dieux accordent de meilleures choses aux bons. » — *Æolus hæc contrà* (s. *dixit*). Æn. I. 80. « Eole dit ces choses à son tour. » — *Quos ego....* (*vos plecterem*) Æn. I. 139. « Vous que je.... (punirais.)

L'infinitif, que l'on appelait anciennement *nomen verbi* (ονμα ρηματος), est souvent pris substantivement, et tient alors la place du nom : τo λαλεῖν — le parler.

Scire tuum nihil est.
Votre savoir n'est rien.

Docto et erudito homini vivere est cogitare. (Cic.)
« La méditation est la vie d'un homme de lettres. »

L'adjectif se rapporte à un substantif exprimé ou sous-entendu :

Sunt quos arma delectant (s. *homines*).
» Il en est (il est des hommes) que les armes réjouissent. »

Paucis te volo (s. *verbis*).
« J'ai quelques mots à te dire. »

Lorsque l'adjectif est placé au neutre dans un sens absolu, le mot *negotium* est sous-entendu. Les Grecs sous-entendaient dans le même cas le mot χρῆμα (*negotium*).

Ἡ πατρὶς φίλτατον (s. χρῆμα) βροτοῖς.
« La patrie est une chose très-chère aux hommes. »

Triste lupus stabulis (s. *negotium*). Egl. III. 80.
« Le loup est une chose fâcheuse aux bergeries. »

Dulce satis humor (s. *negotium*). Egl. III. 82.
« L'eau est une chose agréable aux moissons. »

Varium et mutabile semper femina (s. neg.) Æn. IV. 569.
« La femme est une chose toujours variable et changeante. »

Non est mentiri meum (s. neg.). (Ter.)
« Ce n'est pas mon affaire de mentir. »

Mirabile visu (s. neg.). Æn. XII. 252.
« Chose étonnante à voir. »

L'adjectif neutre a aussi quelquefois la signification d'un adverbe, et ne peut être traduit autrement : *sera — densa — multa — frequens* ; — pour *serò — densè — multùm — frequenter*.

Asper, acerba sonans. Georg. III. 149. (*i. e. acerbè*.)
« Incommode, et bourdonnant désagréablement. »

Et altæ per noctem resonare lupis ululantibus urbes (i. e. altè). Georg. I. 485.

« Et les villes retentirent pendant la nuit des hurlemens des loups. »

Souvent une préposition est suivie d'un autre cas que celui qu'elle gouverne, parce que le nom qu'elle régit est sous-entendu. Exemples :

Ubi ad Dianæ (s. templum) veneris ito ad dextram. (Ter.)
« Lorsque tu seras arrivé au temple de Diane, va à droite. »

Ventum erat ad Vestæ (s. templum). (Hor.)
« On était arrivé au temple de Vesta. »

L'accusatif et l'ablatif sont toujours gouvernés par un verbe ou par une préposition exprimés ou sous-entendus :

Italiam (s. in), fato profugus, lavinia venit littora (s. ad).
Æn. I. 6.
« Chassé par le destin, il vint en Italie, aux rivages laviniens »

Vixit centum annos (s. *per*). Il vécut cent ans.
— *Sagittâ saucius* (s. *cum*). Blessé d'une flèche.
— *Sum magno timore* (s. *in*). Je suis dans une grande frayeur.
— *Te consule* (s. *sub*). Sous toi consul.
— *Sole ardente* (s. *sub*). Sous un soleil ardent.

Ces deux dernières phrases représentent l'ablatif que l'on appelle absolu, et qui forme l'ellipse la plus fréquente de la langue latine.

Un génitif est quelquefois amené par un mot sous entendu:

Quid hominis sit exponam. Cic. (s negotium.)
« J'exposerai quelle sorte d'homme il est. »

Quid mulieris uxorem habes (s. négotium). Ter.
« Quelle chose, quelle sorte de femme avez-vous. »

Tantæ molis erat romanam condere gentem (s. negotium).
Æn. I. 37.
« Etablir la nation romaine était chose d'une si grande difficulté.

Sophia Septimi (s. filia). Cic. — Sophie, fille de Septime.

Hectoris Andromache (s. uxor). — Andromaque, femme d'Hector.

ZEUGMA.

Exemple du zeugma (ou ellipse), où l'on remarquera que le mot *sentis,* qui n'est exprimé qu'une fois, gouverne cinq membres de phrâse:

Trojugena, interpres divúm, qui numina Phœbi,
Qui tripodas, Clarii lauros, qui sidera sentis,
Et volucrum linguas, et prapetis omina pennæ.
Æn. III. 359.

« Prince Troyen, interprète des dieux, qui éprouvez l'ins-
» piration d'Apollon, qui interprétez les trépieds, les lauriers
» de Claros, les astres, le langage des oiseaux, et tirez
» des présages de leur vol. »

Autre exemple :

Sibi sua habeant regna reges, sibi divitias divites, sibi honores, sibi virtutes, sibi pugnas, sibi prœlia; dùm mihi abstineant invidere, sibi quisque habeant quod suum est. (Plaut.)

« Que les rois aient ou gardent pour soi leurs empires,
» que les riches gardent pour soi leurs richesses, leurs
» honneurs, leurs combats, leurs batailles, pourvu qu'ils
» veuillent ne point me porter envie, qu'ils aient chacun
» ce qui est à eux. »

Remarque. On voit que le verbe *habeant* gouverne non-seulement *regna*, mais encore *divitias, honores, virtutes, pugnas* et *prœlia*.

Il y a une autre espèce de zeugma qui nécessite, dans la répétition du mot exprimé, le changement soit du genre, soit du nombre, soit de la personne, soit enfin du sens et de la signification.

EXEMPLES :

Utinam aut hic surdus, aut hæc muta facta sit. Ter.
« Que n'est-elle devenue muette, ou lui sourd. »

On voit qu'il faut sous-entendre *factus sit* dans le premier membre de phrase, au lieu de *facta sit*, qui ne peut s'accorder avec *surdus.*

Si datur Italiam sociis et rege recepto, tendere. Æn. 1. 557.

« S'il nous est accordé d'aller en Italie après avoir retrouvé
» nos compagnons et notre roi. »

Il faut sous-entendre dans le premier membre de phrâse *receptis* au lieu de *recepto*, qui ne peut point s'accorder avec *sociis*.

Hic illius arma, hic currus fuit. Æn. I. 20.
« Là était son char, là ses armes (s. étaient).

Il faut sous-entendre *fuerunt* dans le premier membre de phrâse, au lieu de *fuit*.

Quamvis ille niger, quamvis tu candidus esses. Egl. II. 16.
« Quoique tu sois blanc, et lui noir. »

C'est-à-dire, *quamvis ille niger* **ESSET**.

Hic domus Æneæ cunctis dominabitur oris
Et nati natorum (s. *dominabuntur*). Æn. III. 97.

« C'est-là que la maison d'Énée, et les enfans de ses
» descendans regneront sur tous les pays. »

Quisque suos patimur manes. Æn. VI. 749.
« Nous endurons tous les expiations de l'autre vie. »

Il faut sous-entendre ainsi le mot *patitur* : *nos patimur manes nostros, quisque patitur suos.*

Tu colis barbam, ille patrem (s. *colit*).
« Tu soignes ta barbe, et lui honore son père. »

Nero sustulit matrem, Æneas patrem (s. *sustulit*).
« Néron éleva sa mère en dignités, Énée porta son père. »

On voit dans ces deux derniers exemples, que les mots *colis* et *sustulit* doivent non-seulement se répéter, mais encore qu'ils changent de signification dans le deuxième membre de phrâse.

SYLLEPSE.

La *syllepse* est une figure grammaticale par laquelle le discours se rapporte plutôt à la pensée qu'aux règles. — Elle existe aussi par l'emploi d'un mot au propre et au figuré.

La connaissance de cette figure peut seule faciliter l'intelligence de phrâses qui, sans elle, présenteraient des difficultés insurmontables. Il est donc de la plus grande importance d'apprendre à bien la connaître.

EXEMPLES :

Samnitium duo millia cæsi. Tit.-Liv.
« Deux mille de Samnites furent tués. »

Cæsi se rapporte au mot *homines* qui est dans la pensée.

Pars in carcerem acti, pars bestiis objecti. Sall.
« Une partie furent jetés en prison, une partie exposés
» aux bêtes. »

Acti et *objecti*, tous deux au pluriel et du

masculin, ne peuvent s'accorder avec *pars* singulier féminin ; mais ils se rapportent à *homines* qui est dans la pensée. On voit qu'il en est de même dans la traduction française.

Inter alia prodigia etiam carne pluit, quem imbrem aves feruntur rapuisse. Liv.

« Parmi d'autres prodiges, il pleuvait de la chair, et
» les oiseaux sont supposés avoir enlevé cette pluie. »

Quem se rapporte au mot *imber* qui n'est pas exprimé, mais qui est censé renfermé dans *pluit*.

Sed antea conjuravére pauci contra rempublicam, in quibus Catilina fuit, de quâ quam brevissimè potero dicam.

« Mais d'abord un petit nombre conspirèrent contre la
» république, parmi lesquels fut Catilina : je parlerai de
» cette conspiration le plus brièvement que je pourrai. »

Quâ se rapporte au mot *conjuratione* qui n'est pas exprimé, que l'on suppose renfermé dans *conjuravére*.

Nudus egressus sum de utero matris meæ, et nudus revertar illùc. Job.

« Je suis sorti nu du sein de ma mère, et je retournerai
» nu là. » (dans la terre)

On voit qu'*illùc* ne peut se rapporter qu'à la pensée.

pœnas. Æn. II. 575. — *Sceleratas* pour *sceleratâ* qui se rapporte à *femina* sous-entendu.

« L'ardeur de venger ma patrie expirante, et de tirer
» un châtiment de la coupable, survient.... »

MÉTALEPSE.

La *metalepse* est une figure par laquelle on prend l'antécédent pour le conséquent, *et vice versâ* ; c'est ainsi que Virgile exprime la mort par les funérailles.

Extinctum nymphæ crudeli funere Dapnim flebant.
Egl. 20.

« Les nymphes pleuraient Daphnis enlevé par un cruel trépas. »

MÉTONIMIE.

C'est une figure qui existe dans des rapports de la cause à l'effet, du contenant au contenu, du signe à l'objet qu'il représente. C'est ainsi que Virgile prend souvent :

1°. Bacchus pour le vin dont il est le dieu ;
2°. Ou pour la vigne qu'il planta le premier ;
3°. Vulcain }
4°. Vesta } pour le feu ;
5°. Jupiter pour l'air ;
6°. Les fleuves pour l'eau qu'ils contiennent ;
7°. Le soleil pour le jour ;

8°. La moisson pour l'été ;
9°. Le froid pour l'hiver ;
10°. La coupe pour la liqueur qu'elle contient.

EXEMPLES :

1°. *Et multo imprimis hilarans convivia* BACCHO. Egl. V. 69.
   « Et surtout égayant les festins par beaucoup de vin. »

2°. *Juvat Ismare* BACCHO *conserere*. Georg. II. 37.
   « J'aime à peupler l'Ismare de vignes. »

3°. *Jàm Deiphobi dedit ampla ruinam,* VULCANO *superante domus.* Æn. II. 311.
   « Déjà le vaste palais de Deiphobe s'est écroulé sous
   « le feu qui le couvrait. »

4° *Ter liquido ardentem perfudit nectare* VESTAM.
                                    Georg. IV. 384.
   « Trois fois elle arrose le feu ardent d'un pur nectar. »

5°. *Et* JUPITER *uvidus*. Georg. I. 418.
   « Et l'air humide.... »

6°. ..... *exul aut* ARARIM *Parthus bibet*. Egl. I. 63.
   « Ou le Parthe exilé boira la Saône. »

7°. *Sœpè ego longos cantando puerum memini me condere* SOLES. Egl. IX. 52.
   « Je me souviens d'avoir souvent dans ma jeunesse passé
   » des jours entiers à chanter. »

8°. — 9°. *Ante focum si* FRIGUS *erit, si* MESSIS, *in umbrá*.
                                    Egl. V. 70.
   « Devant le feu, si c'est l'hiver, à l'ombre, si c'est l'été. »

HYPERBATE.

L'*hyperbate* est une inversion de l'ordre naturel des mots ou des pensées. Cette figure se subdivise en *anastrophe*, *tmèse*, *synchyse*, et *hypallage*.

L'*anastrophe* est le renversement des mots *mecum* pour *cum me*, — *quamobrem* pour *ob quam rem*, — *quam priùs* pour *prius quam*, — *agens circum* pour *circum agens*.

La *tmèse* est l'insertion d'un mot entre les deux parties d'un mot composé.

EXEMPLES :

Talis hyperboreo septem subjeta trioni gens. Georg. III. 381.
« Telle la nation située sous le septentrion hyperboréen. »
(*Septentrioni subjectá.*)

Bis collo squamea circum terga dati. Æn. II. 218.
Pour *circumdati terga.*
« Ayant entouré deux fois son cou de leurs corps écailleux. »

Quò res cumque cadent. Æn. II. 709. (*quocumque*)
« De quelque manière que les choses tournent. »

Quæ me cumque vocant terræ. Æn. I. 614. (*quæcumque*)
« En quelque région que je sois appelé. »

La *synchise* est un dérangement, une confusion dans l'ordre naturel des périodes.

— *Saxa vocant Itali, mediis quæ in fluctibus, aras.* Æn. I. 113. Littéralement. *Itali vocant aras saxa illa quæ sunt in mediis fluctibus.* « Les Italiens nomment autels les rochers » eux-mêmes qui sont au milieu des flots. »

L'*hypallage* est une transposition d'idées, par une transposition de mots.

EXEMPLES :

Ibant obscuri solá sub nocte. Æn. VI. 269.
C'est-à-dire, *soli, sub obscurá nocte.*
« Ils marchaient seuls au milieu d'une nuit obscure. »

Errabunda bovis vestigia. Egl. IV. 58. (*errabundi*)
« Les traces d'un taureau errant; » et non les traces errantes.

Daphni, quid antiquos signorum suspicis ortus. Egl. IX. 46.
« Daphnis, pourquoi contemples-tu le lever des antiques » constellations ? » — *Antiquos* pour *antiquorum.*

Nocturni orgia Bacchi. Georg. IV. 521. (*nocturna*)
« Les orgies nocturnes de Bacchus. »

Memorem Junonis ob iram. Æn. I. 8. (*memoris*)
« A cause de la colère de Junon implacable. »

Huc delecta virûm sortiti corpora furtim includunt. Æn. II. 8.
« Ils y enferment secrètement des hommes choisis par le sort. »
Delecta pour *delectorum.*

Subit ira cadentem ulcisci patriam et sceleratas sumere

10°. *Poculaque inventis* ACHELOÏA, *miscuit uvis*. Georg. I. 9.

« A mêlé les coupes. » C'est-à-dire, les boissons... l'eau d'Acheloüs aux raisins.

SYNECDOCHE.

La *synecdoche* prend :

1°. Le tout pour la partie ;
2°. Ou la partie pour le tout ;
3°. Le genre pour l'espèce ;
4°. Ou l'espèce pour le genre ;
5°. Et en général toute chose moindre que l'objet dont il est question ;
6°. Ou plus considérable.

EXEMPLES.

1°. *Nulla neque* AMNEM *libavit quadrupedes.* Egl. V. 25.

« Et aucun quadrupède ne goûta le fleuve... » C.-à-d. l'eau du fleuve.

TORTA *redimitus tempora quercu.* Georg. I. 349.

« Ceint autour des tempes d'un chêne tordu... » d'une branche de chêne.

2°. *Incute vim ventis submersasque obrue* PUPPES. Æn. I. 73.

« Donnez de la force aux vents et engloutissez leurs poupes » submergées. » Les poupes pour les vaisseaux.

3°. *Ephireïa* ÆRA. Georg. II. 464.

« Et ces airins de Corinthe... » pour ces vases.

4°. *Ille solebat rigidas deducere montibus* ORNOS.
Georg. VI. 71.

« Il avait contume de faire descendre les durs fresnes des
» montagnes. » Les fresnes, pour les arbres en général.

5°. SEPIBUS *in nostris parvam te roscida mala.... vidi cum matre legantem.* Egl. VIII. 37.

« Je te vis petite, cueillant avec ta mère des pommes
» couvertes de rosée dans nos haies. » — Les haies sont prises pour les vergers.

6°. *In foribus pugnam ex auro, solidoque* ELEPHANTO *Gangaridum faciam.* Georg. III. 26.

« Je graverai sur les portes en or et en ivoire massif le
» combat des Gangarides. »

La phrâse latine exprime l'éléphant pour l'ivoire de ses dents.

C'est ainsi que l'on prend le troupeau pour les brebis ; le seuil d'un palais pour le palais ; les fruits pour les arbres ; l'été ou l'hiver pour l'année entière, etc.

ANTIPTOSE, ENALLAGE.

Il y a, en outre, deux figures qui ont été le sujet de la polémique des grammairiens : *l'antiptose* et *l'enallage*. La première est une position d'un cas pour un autre; la seconde est un changement des modes ou des temps du verbe. Ceux qui les rejètent veulent établir des rapports entre les cas et les temps; mais ils n'en reconnaissent pas moins que les cas ou les temps sont mis les uns pour les autres indifféremment, et que cette mutation présente des difficultés, quand on n'en reconnaît pas la cause. On peut donc se borner à faire observer :

En ce qui concerne les noms :

1°. Que l'on employe souvent un singulier pour un pluriel, *et vice versâ*.

Uterumque armato milite complent. Æn. II. 20.
« Ils remplissent l'intérieur de soldats armés. »

Celsâ sedet Æolus arce, sceptra tenens. Æn. I. 61.
« Eole tenant le sceptre est assis sur un roc élevé. »

On voit que *milite* est mis pour *militibus*, et *sceptra* pour *sceptrum*.

2°. Que l'on met quelquefois un cas pour un autre.

EXEMPLES :

Nunc oblita mihi tot carmina. Egl. IX. 53.
« Maintenant tant de vers sont oubliés par moi. »

Mihi pour *à me*.

Præterea... sunt arcturi sidera nobis... servandi. Geog. I. 204.
Nobis pour *à nobis.*

« Les étoiles de l'ourse doivent encore être observées pour
» nous. »

Neque cernitur ulli. Æn. I. 444... *Ulli* pour *ab ullo.*
« Et il n'est vu de personne. »

En ce qui concerne les verbes :

Que les meilleurs auteurs se sont servis indifféremment de l'indicatif ou du subjonctif l'un pour l'autre, (P. R.) et qu'ils ont aussi souvent employé,

1°. Le passé pour le présent :

Neque ille aut doluit miserans inopem, aut invidit habendi.
Georg. II. 499.
— *Doluit, invidit* pour *dolet, invidet.*

« Et il n'a pas la douleur de plaindre l'indigent, et il ne
« porte point envie aux riches. »

2°. Le présent pour le passé :

Tum partu terra nefando Cœumque, Japetumque creat (pour
creavit). Georg. I. 279.

« Alors la terre par une horrible fécondité produisit Cée et
» Japhet. »

3°. **Le présent du subjonctif pour l'imparfait.**

At si formosus Alexis montibus his habeat, videas et flumina sicca. Egl. VIII. 56. — *Videas* pour *videres*.

« Mais si le bel Alexis s'éloignait de ces montagnes, tu verrais les fleuves même séchés. »

*Ni faciat maria ac terra cœlumque profondum
Quippè ferant rapidi secum, verrantque per auras.* Æn. I. 62.
— *Faciant, ferant, verrant,* pour *faceret, ferrent, verrerent.*

« S'il ne le faisait pas, les vents impétueux enlèveraient avec eux les mers, les terres, et le ciel immense, et les disperseraient dans les airs. »

4°. **L'imparfait de l'indicatif pour celui du subjonctif :**

Et si non alium latè jactaret odorem, laurus erat.
Georg. II. 133.
— *Erat* pour *esset*.

« Et s'il ne répandait pas au loin une autre odeur, ce serait un laurier. »

5°. **Le présent de l'infinitif pour le passé :**

*..... Sæpè ego longos
Cantando puerum nemini me condere soles.* Egl. IX. 52.
— *Condere* pour *condidisse*.

« Je me souviens que, jeune encore, j'ai chanté souvent des jours entiers. »

6°. Le passé de l'infinitif pour le présent :

Nec dorso nemoris libeat jacuisse per herbas. Georg. III. 436.
Jacuisse pour *jacere.*

« Je me garderai bien de me coucher dans l'herbe sur le
» penchant d'un bois. »

7°. Le présent de l'infinitif pour le gérondif :

Talis amor teneat, nec sic mihi cura medere (pour *medendi*).
Egl. VIII, 89.

« Qu'un pareil amour l'occupe, et que je n'aie pas le
soin d'y remédier. »

Sed si tantus amor casus cognoscere nostros (pour *cognoscendi*).
Æn. II. 10.

« Mais si vous avez un si grand desir de connaitre nos malheurs. »

8°. Du sens passif pour l'actif.

*..... glebasque jacentes
Pulverulenta coquat maturis solibus æstas* (pour *maturantibus*).
Georg. 1. 66.

« Et que l'été poudreux cuise par des soleils murissans les
» mottes de terre. »

DE L'HELLÉNISME.

L'hellénisme est un tour, une locution

grecs, adoptés par imitation dans une phrase latine.

1°. Une des particularités de la langue grecque est celle que l'on appelle *attraction*, et qui est l'expression des idées telles qu'elles se présentent à l'esprit, sans égard aux règles communes de construction : c'est ainsi qu'on fait accorder un adjectif ou un pronom à un nom auquel il ne se rapporte pas, et qu'on viole la règle de l'accord de l'adjectif avec le substantif, en genre, nombre et cas, ou celle du régime des verbes.

EXEMPLES :

Τὸ σῶμα ὑμῶν ναὸς τοῦ ἐν ὑμῖν ἁγίου πνευματός ἐστιν, οὗ ἔχετε ἀπὸ Θεοῦ. S. Paul, Cor. 6.

Corpus vestrum templum est Spiritús Sancti in vobis existentis, cujus habetis à Deo.

οὗ et *cujus* sont au génitif par *attraction*, c'est-à-dire attirés par πνευματός et *Spiritús*, tandis qu'ils devraient être à l'accusatif.

Sed ISTUM *quem queris, ego sum.* Plaut.
« Mais je suis celui que vous cherchez. »

Le sens grammatical est *ego sum iste quem quæris*, et l'on n'a pu faire accorder *istum* avec *quem* que par attraction.

At puer Ascanius cui nunc cognomen Julo additur.
Æn. I. 271.

« Mais le jeune Ascagne auquel maintenant le nom de Jule
» est attribué. »

On remarque que *Julo* est là pour *Julus* ou *Juli*.

Urbem quem statuo vestra est. Æn. I. 577.
« La ville que je bâtis est à vous. » — Il fallait *urbs*.

2°. Les Grecs plaçaient souvent d'une manière absolue un accusatif gouverné par les prépositions κατα ou περι (*secundùm*, *circà*) sous-entendues; par exemple :

Οὐδεὶς ἀνθρώπων ἐστὶν ἅπαντα σοφος.

Mortalis sapiens omnia nemo datur.

« Il n'est donné à aucun mortel d'être sage dans toutes
» choses. »

Les Latins ont fréquemment imité cet hellénisme, et il faut en bien saisir le sens pour n'être pas arrêté à chaque instant dans la lecture des classiques latins. Ainsi, toutes les fois que l'on rencontre un accusatif qui semble absolu, et qui n'est régi par aucun des mots exprimés dans la phrâse, il faut sous-entendre *secundùm* (selon.), ou *circà* (sur, vers, autour, etc.), ou *propter* (auprès, pour, à cause de).

EXEMPLES:

Eruditus græcas litteras. Cic. (s. *secundùm*)
« Instruit (selon, sur) dans les lettres grecques.

Ut Linus... floribus crines ornatus. Egl. VI. 68. (s. *circà*)
« Comme Linus orné de fleurs autour des cheveux. »

C'est de cette manière que les mots suivans sont régis, et qu'on peut leur donner une interprétation grammaticale.

— *Venas.* Egl. VI 15 — *Latus.* 53. — *Inguina.* 75.
— *Suras.* VII. 32. — *Tempora.* G. I. 349. — *Faciem.* II. 131.
— *Caput.* III. 21. — *Pectus.* VI. 15. *Corpora.* 99.
— *Oculos.* Æn. I. 232. — *Sinus.* 324. — *Vultum* 565.
— *Animum.* 583. — *Os humerosque.* 593. — *Manus.* Æn. II. 57.
— *Oculos.* 210. — *Terga.* 219. — *Vittas.* 221.
— *Exuvias.* 275. — *Tegmen.* VII. 666. — 668.

5°. Chez les Grecs le génitif était souvent gouverné par les prépositions ἐκ (de) ἕνεκα (*causà*), sous-entendues :

ἐπαινῶ σε τῆς ἀρετῆς (sous-entendu ἕνεκα).
« Je vous loue de votre sagesse. » — (C.-à-d. à cause de votre sagesse.)

Les Latins ont encore imité cet hellénisme.

Timidus procellæ (s *causà*) — *Dives opum.* Æn. II. 22.
— *Ignari scelerum.* 106. — *Ignaros loci.* 384.

NOTE.

En indiquant l'origine et les progrès des langues latine et française, je n'ai pas cru devoir étendre mes recherches au-delà de la langue grecque ; mais comme les savans y ont reconnu l'introduction de mots puisés dans la langue hébraïque, ou dans ses dialectes, qu'il me soit permis de rappeler en peu de mots l'opinion des plus célèbres étymologistes, sur l'existence d'une langue primitive, à laquelle on devrait rattacher toutes les autres comme à une souche commune.

Cette question, qui a été long-temps controversée, et qui est encore un problême, a donné naissance à des ouvrages estimés, parmi lesquels on peut citer comme un monument des lettres, *Le Monde primitif*, ou origine du langage, de M. *Court de Gebelin ;* mais on peut réduire à deux les opinions qui ont vraiment de l'importance.

La première considère la langue hébraïque comme la plus ancienne du monde, et comme celle qui a donné naissance à toutes les autres. Sous le rapport de son origine, personne n'en conteste l'antiquité.

Les Hébreux tirent leur nom de celui du Patriarche Héber, dont l'existence remonte à plus de deux mille ans avant J.-C. — Ce peuple qui, pendant une suite assez longue et non interrompue de siècles, combattit pour la conquête de la terre promise, et étendit sa domination par ses succès, jusqu'au temps de la fondation du royaume de Juda, propagea la langue de ses ancêtres que Moïse avait perfectionnée; mais succombant à la fin sous les invasions des puissances voisines, ses tribus furent emmenées captives : il passa de la domination des Perses sous celle d'Alexandre, et quelque temps après que les Romains eurent conquis la Palestine, il fut dispersé, et de l'hébreu naquirent divers dialectes sous les noms de *Arabe, Syriaque, Chaldaïque, Phénicien, Ethiopien, Egyptien,* etc.

M. le président Duret, dans son Trésor de l'histoire des langues de l'univers, donne à l'hébreu une origine divine, et prétend qu'il fut enseigné par Dieu à Adam qui le transmit à ses enfans. Quoiqu'on doive considérer ce point comme un mystère enseveli dans la nuit des temps, on ne peut pas se dispenser d'observer que l'histoire sacrée semble en revendiquer la réalité, en parlant des conférences de Dieu lorsqu'il donna le Décalogue à Moïse. D'ailleurs on doit supposer que le peuple Hébreu du temps de Moïse parlait la langue de ses ancêtres, et que cette langue était celle d'Abraham et de Noé. On en pourrait donc conclure qu'elle venait à Noé d'Adam, et que c'était celle dont le premier homme faisait usage dans ses entretiens avec son Créateur.

La seconde opinion sur la langue primitive est celle de M. l'avocat Le Brigant, qui la trouve dans un dialecte relégué en France, où il s'est conservé par tradition jusqu'à nos jours, et ce dialecte est l'ancien celtique. Sans examiner cette supposition, qui n'est point maintenant l'objet de mes recherches, je me bornerai à dire que ses travaux offrent les rapprochemens les plus étendus et les plus intéressans.

F I N.

www.ingramcontent.com/pod-product-compliance
Lightning Source LLC
LaVergne TN
LVHW051514090426
835512LV00010B/2527